# HENRIETTE

## SONTAG.

IMPRIMERIE DE H. BALZAC.

RUE DES MARAIS S. G. N. 17.

*M<sup>lle</sup> H<sup>e</sup> Sontag.*

# HENRIETTE

## SONTAG,

HISTOIRE CONTEMPORAINE,

### TRADUITE DE L'ALLEMAND,

ORNÉE D'UN PORTRAIT.

Tome premier.

## PARIS,

CHEZ L'HUILLIER, ÉDITEUR,

Rue Hautefeuille, n° 20.

### 1828.

# CHAPITRE PREMIER.

---

## Le Souper.

1.

# HENRIETTE

# SONTAG.

━━━━━━━━━━━━━━━━━━━━━━━━━━━━

## CHAPITRE PREMIER.

———

## Le Souper.

Le rideau tombe, et, semblables
au bruit du tonnerre, les applaudis-
semens retentissent de tous les côtés

dans la salle. L'exaltation générale ne saurait se décrire : le bruit de mille mains mouvantes se renouvelle sans cesse. « La belle Henriette ! » s'écrie-t-on ; » et l'écho répond : « La belle Henriette ! » La toile se lève, et le délire des spectateurs est au comble ; mais M<sup>elle</sup> Sontag ne peut se faire entendre ; reconnaissante, elle s'incline et se retire avec respect. Sa bouche était restée muette, mais ses yeux avaient parlé.

Tous les âges se trouvaient confondus ; on ne distinguait plus les jeunes gens d'avec les vieillards ; cha-

cun prenait part à l'ivresse générale.
Le caduc feld-maréchal lui-même,
sur la tête duquel quelques cheveux
restaient à peine, semblait atteint
d'un trait contre lequel il se croyait
peut-être trop cuirassé. L'amour
pénétra sous l'armure. Comment?
Dieu le sait; mais la chose était in-
dubitable. « Morbleu! je ferais pen-
» dant trois jours le sacrifice de mon
» tabac, pour obtenir un baiser de
» ce petit lutin. » Jamais il n'avait
proféré un plus grand serment.
M. le major, autrefois pilier iné-
branlable du Café, s'était laissé persuader aujourd'hui que le billard le

divertirait moins que l'Opéra. Mais il n'entendit absolument rien. La jeune cantatrice l'éblouit et l'étourdit tellement, qu'il ordonna à son cocher d'aller au théâtre d'où il venait de sortir. Il pensait déjà à la représentation du lendemain. Cependant le cocher, qui s'aperçut de sa méprise, le conduisit droit à son hôtel.

— O mon ami, dit un conseiller en jetant un regard passionné vers le rideau, qu'est-ce que la vie sans amour?

— Peu de chose, répliqua son

collègue, en portant la main à son front pour mettre en ordre quelques cheveux que le temps n'avait pas moissonnés. O bien peu de chose !

— La faim me presse. Descendrons-nous chez le restaurateur du théâtre, ou bien irons-nous ailleurs?

— Non, allons plutôt en bas, il y aura des huîtres fraîches. Ah ! que l'amour est une chose douce et agréable !

Toutes les tables étaient déjà prises. Ils furent obligés de s'asseoir à côté d'un abbé français d'un certain âge, véritable sujet de consolation pour l'un des conseillers : le temps avait encore plus éclairci ses cheveux. L'abbé, à la façon des ecclésiastiques italiens, homme jovial et franc-parleur, n'était pas mort aux plaisirs de ce monde. Il aimait beaucoup le vin, le chant, et les huîtres par-dessus tout. Le troisième article du catéchisme de Luther ne lui semblait pas inconnu.

— Ah mon Dieu ! qu'elle est belle ! Conseiller, l'avez-vous vue ?

— Quoi donc, monsieur l'Abbé ?

— Quoi? son bras délicieux... et quand elle se tourne ! vous m'entendez... Garçon, une bouteille de Champagne !

— A nous aussi.

— A la santé de la cantatrice !

Le voisin de l'abbé était un grand homme sec, en frac bleu, la croix à la boutonnière. Ses cheveux gris et frisés contrastaient singulièrement avec sa figure rouge et ridée. Il affectait la tournure et l'aisance d'un jeune homme de vingt-cinq ans; mais il avait certainement passé

la soixantaine. Un double lorgnon
était constamment pendu à son cou,
sur ses doigts tournait une légère
badine, et sa cravate était mise
comme celle d'un Anglais qui veut
passer chez nous pour un gentle-
man de première classe. On l'appelait M. le lieutenant. Il se donnait
l'air d'un homme important, avait
la parole courte et embrouillée,
comme s'il ne voulait pas se donner
la peine d'articuler distinctement.

Le régisseur du théâtre, jeune
homme très-aimable, vint s'asseoir
à côté des conseillers ; tout le monde

s'adressa à lui, et le chevalier élancé au frac bleu put se taire à souhait.

Dans ce moment on aperçut un étranger d'un extérieur agréable, encore plus silencieux que le lieutenant. Assis dans un coin du restaurant, il vidait seul une bouteille de Bordeaux, et considérait les convives l'un après l'autre. Il écoutait avec attention, mais ne prononçait pas un mot. Il paraissait arrivé depuis peu dans la ville : personne ne le connaissait.

On devinera facilement le sujet de la conversation. Tous s'accor-

daient sur là supériorité de la cantatrice ; mais on ne pouvait déter-
miner quelle était sa plus grande
perfection. Les admirateurs s'é-
chauffaient, chacun criait à tue-tête ;
lorsque l'étranger solitaire se lève
subitement, s'avance vers la porte,
et fait une grande révérence. Le silence se rétablit, tout le monde
tourne ses regards vers l'entrée, et
tout à coup la jeune cantatrice passe,
adressant au jeune homme un salut
amical : et nos convives de se préci-
piter au dehors, pour l'admirer encore pendant quelques instans. Ils
se pressèrent avec si peu de ména-

gement autour de la pauvre fille,
qu'elle fut obligée de faire signe au
directeur qui la suivait.

— Permettez, ma toute chérie,
que je vous conduise à votre voiture.

Elle lui tendit la main avec grâce,
et disparut.

# CHAPITRE II.

---

# Le Jugement.

## CHAPITRE II.

---

## Le Jugement.

LA conversation reçut, par cette apparition inattendue, une nouvelle vigueur; on recommença à crier encore plus fort qu'auparavant.

I.

2

— Messieurs, dit le régisseur, en frappant sur la table, permettez que les droits de ma place subsistent même après la représentation. Nous nous enrouons sans nous entendre. L'opinion du grand Mogol m'est aussi peu connue que la vôtre. Nous sommes peut-être tous du même avis; ne nous échauffons donc pas davantage. Souffrez, messieurs, que je dise mon sentiment; M. le lieutenant dira ensuite le sien, et ainsi de suite.

— Accordé.

— Il m'est difficile, messieurs, de

rassembler toutes mes idées. Chacun de vous, messieurs, se rappelle quel trouble était le nôtre le jour où nous tremblions d'apprendre si ce bijou nous appartiendrait ou non? Je fus enfin l'heureux mortel à qui échut, mais non sans peine, la gloire de conduire ce palladium dans nos murs. De puissans obstacles entravaient mon départ de Berlin. On me refusa un passeport pour la Saxe. Le nombre considérable de banquiers et de commerçans qui étaient partis depuis quelques jours pour Leipsick, faisait, disait-on, craindre au Gouvernement qu'une

association dangereuse ne s'y for-
mât. Défense, par conséquent, de
délivrer des passe-ports jusqu'à nouvel ordre. Mais, je démontrai enfin
l'utilité de mon voyage ; je partis.

J'éprouvai un nouveau retard à
la porte de Leipsick. J'aperçus là un
des soutiens les plus zélés de notre
théâtre. Il m'appelait piteusement
à son secours, du haut de la tou-
relle. Quelle pouvait être la cause
de cette incarcération ? Je m'arrête,
j'enlève le pont-levis d'assaut, et
me jette dans les bras de mon ami.

— Cher régisseur, quel triste sort

est le mien ! Concevez-vous mon malheur ? Vous savez que plusieurs de mes camarades portent des noms ronflans, empruntés du règne animal. Tous m'ont précédé comme adorateurs de la belle cantatrice.

Le concierge de la ville inscrit d'abord en souriant M. l'*Oie*, logé à l'hôtel de Bavière ; puis se présente M. le *Cerf*, demeurant au même endroit.

— La table d'hôtes sera bien composée, se disait-il sans doute.

— M. le *Loup* vint ensuite. Le

concierge hésite; toutefois le voyageur passe et va loger à l'hôtel de Bavière. Dans ce moment arriva M. l'*Ours*.

— Oh! pour le coup, combien passera-t-il d'animaux pour déchirer notre belle cantatrice? Vite en prison.

— Cependant M. l'*Ours* se débat et s'échappe; mais lorsque ce fut à mon tour, malheureux *Sanglier*, le gardien me saisit et dompta ma férocité.

—Mon cher ami, sois tranquille; un peu d'or va te délivrer.

Je donnai la pièce au soldat ; et le prisonnier fut mis en liberté.

Lorsque l'on a couru, messieurs, de semblables dangers, le prix obtenu ne nous en devient que plus cher. Ce préambule était indispensable pour justifier mon opinion. Je suis tout à fait de l'avis de M. le directeur qui nomme la divine cantatrice, sa toute chérie. Oui, elle nous coûte des sacrifices de toute espèce ; mais un regard, un son de sa douce voix fait tout oublier. Aussi son plus grand mérite, selon moi, est-il d'avoir tellement déprécié l'or aux yeux même des plus avares, qu'ils le sèment à pleines mains pour se ménager la possesion de ce bijou, et je m'écrie : Vive la cantatrice ! nos actions dussent-elles tomber à cinquante pour cent.

—Bravo, bravo ! s'écrient les convives en vidant leurs verres. C'est parler en régisseur.

— Oui, dit le lieutenant, sa beauté est plus brillante que l'or, et sa voix est plus qu'argentine. Cependant, s'il faut dire ici ma pensée toute entière, j'ajouterai que sa personne et sa voix produisent un effet égal, quelle que soit la place que l'on occupe au théâtre. Cette universalité est à mon avis son mérite le plus précieux.

—Vous étiez dans une loge ? demanda un des conseillers.

— Sans doute.

— Je croyais vous avoir vu à la première galerie, remarqua l'abbé en préparant une huître.

—Vous ne vous êtes pas trompé, répondit le lieutenant.

— J'ai donc tort, dit l'autre conseiller, il me semblait vous avoir découvert dans une stalle de l'orchestre.

— Point du tout, j'errais de droite et de gauche.

— Mais comment cela se fait-il, observa le régisseur étonné, je vous ai vu constamment sur la scène. Notre directeur en avait même un dépit jaloux.

— C'est précisément le motif qui m'y a retenu.

— Je puis m'expliquer maintenant, ajouta le jeune étranger, l'erreur singulière dans laquelle j'étais jusqu'à présent. J'avais l'honneur, monsieur, d'être votre voisin dans le parterre. Ma place me parut désavantageuse et je montai à la deuxième galerie. Quel fut mon étonnement de trouver là un homme qui vous ressemblait au point que je me dis aussitôt: Voilà son frère jumeau. Mais quelle fut ma surprise de voir une troisième copie de votre personne dans une loge au-dessus; c'était votre portrait frappant. Lorsque je vous rencontrai ici, enfin, je pensai que vous étiez le quatrième exemplaire de vous-même. Pouvais-je savoir que vous possédiez si bien l'art de vous multiplier à volonté? Je vous demande pardon d'avoir été si long-temps dans une illusion aussi complète.

Le sarcasme dont le jeune homme accompagna l'observation, réjouit et étonna la société tout à-la-fois : l'abbé se cacha derrière un verre de champagne.

— Il paraît, mon cher monsieur, dit le frac bleu piqué, que vous aimez tant soit peu la peinture crue, dite al fresio.

— Où diable s'est-il placé? chuchota un des conseillers.

— Le régisseur fit la meilleure contenance qu'il put. Tout à coup il s'écria en frappant sur la table, comme le président de la chambre des députés : A l'ordre! vous avez été interrompu dans votre discours, monsieur le lieutenant, veuillez conclure.

— J'ai fini.

— Vous serait-il agréable, monsieur l'abbé, de saisir le sceptre?

— Les huîtres, mon cher, m'empêchent de parler ; je suis d'ailleurs tout à fait de l'avis de monsieur le conseiller, n'est-ce pas?

— Sans doute, et moi je suis du vôtre ; je soutiens la même cause que mon confrère....

— O cantatrice ! dit celui-ci d'une voix solennelle, après avoir toussé et arrangé son jabot. O cantatrice, douce, inexprimablement douce, assemblage accompli des grâces et des plus aimables qualités! Dans quelle langue pourrai-je faire dignement son éloge? Elle nous regarde

en souriant, et nous pleurons, moitié
de ravissement, moitié de douleur.
(A ces mots, tirant de sa poche un
mouchoir brodé qui semblait impré-
gné d'eau de Cologne, il s'essuya... le
nez. ) O mes amis, qu'une irrésisti-
ble sympathie fait penser comme moi,
n'êtes-vous pas émus jusques dans
les plus profonds replis de votre ame?
Mais non, vous êtes comme les pierres
qui ne sentent pas, qui ne pleurent
pas. Ces accens si tendres ne réson-
nent-ils plus à votre oreille? Mais
vous paraissez sourire....

— C'est le sort du beau sur la

terre, interrompit l'abbé gravement, en avalant une huître.

—Non, je n'y tiens plus, on est interrompu à tout moment, soit exprès, soit involontairement. J'espère du moins qu'on aura parfaitement saisi mon avis.

— Oui, sans doute ; n'avez-vous plus rien à ajouter pour éclaircir....

— Oh, je n'ai peut-être été que trop clair.

— Le tour serait donc à vous, dit poliment le régisseur en s'adressant à l'étranger.

—Très volontiers. Je crains fort cependant de paraître un écolier auprès de connaisseurs aussi éclairés que vous, messieurs. Oui, la belle cantatrice possède une grâce irésistible, une voix pleine d'ame et une très-bonne diction. Mais pourquoi méconnaître son talent au point de choisir les plus mauvais opéras pour ses débuts et de s'engager à un théâtre dont les vues sont si étroites, c'est-à-dire, qui n'a d'autre but que de faire beaucoup d'argent?

—Il se tut, et regarda fixement ses voisins l'un après l'autre. Le lieutenant murmura. Le régisseur semblait l'approuver.

—Vive ce vertueux enthousiasme ! dit l'abbé en vidant son verre, j'aime la passion des plaisirs nobles. Garçon', encore une cinquantaine d'huîtres.

Les deux conseillers n'en pouvaient plus de colère.

— Cet étranger est un barbare.

Cependant on entendit sonner onze heures. La société se leva, malgré les instances de l'abbé.

Les deux conseillers s'en allèrent en se prêtant mutuellement le bras. Le régisseur les suivit de près ; le lieutenant se décida enfin à gagner la porte.

—Quoi, dit l'abbé, le jeune homme m'abandonne aussi ! N'importe, avec mes huîtres je ne serai jamais seul.

# CHAPITRE III.

---

# Intrigue et Amour.

## CHAPITRE III.

———

## Intrigue et Amour.

LA belle Caroline, première cantatrice en titre, avait été jusqu'à-
présent le bijou de la ville.

Mon Dieu, dans quel état je la vois! Fondant en larmes, le visage caché dans ses mains, elle est couchée, triste et abattue, sur son sopha, et semble rêver vaguement à son malheur plutôt qu'y réfléchir avec suite. Tableau charmant, s'il n'était douloureux.

—Qui frappe?

—L'amie de Caroline, Augustine, première amoureuse du théâtre.

—Bonjour, ma chère amie, dit-elle d'une voix enchanteresse. Pour l'amour du ciel, qu'as-tu? tu es toute défigurée.

Caroline. Tu le demandes, Augustine, tu affectes une contenance tranquille et rassurée... Va, que nous sert la dissimulation? crois-tu que je regarde ta sérénité comme bien naturelle?

Augustine. Ma chère, que pourrait-il me manquer? Je suis heureuse...

C. Heureuse, contente, vraiment? O fausse amie! on voit que la comédie est ton étude. Hélas, moi, je ne suis, il est vrai, qu'une pauvre cantatrice. Nous ne poussons pas si loin l'art de nous contrefaire.

A. Chère Caroline, je ne te conçois pas.

C. Oh! pour le coup, ceci est trop fort; je ne t'aurais jamais cru aussi fausse, aussi défiante envers ta meilleure amie. Ferme la porte. Chère Augustine, prétends-tu réellement me persuader que la pièce d'hier n'a pas altéré la tranquillité de ton esprit?

A. Quoi! tu veux dire le triomphe de la petite chanteuse, qui se nomme..., comment donc? Henriette, je crois. Qu'est-ce que cela me fait à moi? Nous avons des états si différens.

C. Vos adorateurs le seront-ils aussi? Crois-tu que les tiens te resteront fidèles?... Ah! m'y voilà, j'ai touché la corde sensible. Vois, comme tu rougis et pâlis tour à tour. Augustine, viens à moi, sois franche envers moi. Convenons de nos douleurs. Je suis au désespoir!

A. Oui, Caroline, il faut que je l'avoue; l'expérience m'a instruite.

O malheureuses femmes ! Hommes
faux et volages !

C. A la bonne heure , ma pauvre
compagne d'infortune. Dis-moi tout,
et voyons ce qu'il y a à faire. Ima-
gine-toi qu'aucun de mes adorateurs
habituels n'est venu chez moi depuis
avant hier. Ils étaient tous allés à la
répétition pour entendre la petite
Henriette.

A. Ah ! mes souffrances commen-
cèrent un jour plutôt. Le soir je joue
dans *Julie*; j'aperçois dans les loges
mes fidèles adorateurs, les deux
conseillers et l'abbé. Leurs yeux ne

se détournent pas de moi. Chacun de mes mouvemens ( je remplissais le rôle de l'enfant muet) est applaudi. Mais au 2ᵉ acte, qu'arrive-t-il? Le bruit se répand que la nouvelle cantatrice est arrivée, qu'elle est assise à la première galerie. Aussitôt toutes les lorgnettes qui jusqu'à présent avaient été dirigées vers moi, font volte face et se tournent de son côté. Tout le monde m'oublie, et les plus beaux effets de mon rôle passent inaperçus. J'étais hors de moi.

C. Ecoute à ton tour ma mésaventure. Avant-hier, comme je te l'ai dit, je ne vis personne ; mais hier vint le major.

— Quoi ! M. le major de si bonne heure :.quel événement inespéré ! Je ne vous attendais qu'à midi.

— O ! belle Caroline , l'attente n'est-elle pas mortelle , quand on se promet un si doux entretien ! A propos, irez-vous aujourd'hui au théâtre ? la nouvelle cantatrice est réellement enchanteresse !

A. Comment ! il t'a dit cela , sans ménagemens ?

C. Ce fut précisément là le sujet de ma colère. Je m'aperçus qu'il était distrait. Enfin il me quitte après une visite d'un quart d'heure, lui dont je ne pouvais me débarras-ser autrefois.

A. C'est abominable !

C. Il descend promptement, monte dans sa voiture, et dit au cocher : chez mademoiselle Hen-riette, n° 70.

A. C'est vrai : j'ai vu sa calèche en passant, devant la demeure de la petite chanteuse.

C. A quelle heure ?

A. Environ vers deux heures.

C. Malheureuse que je suis! il est resté chez elle une heure et demie, et chez moi un quart d'heure! Je n'y survivrai pas. Encore si c'eût été le seul! Mais peu d'instans après, milord se montre devant ma croisée, me salue, et continue son chemin. Il me dit le soir, dans la loge, qu'il avait passé un délicieux après-dîner chez la charmante Henriette. M. l'architecte, qui n'est rien moins qu'un homme à visites, se donne aussi le malin plaisir de me raconter qu'il est resté chez elle plus d'une heure. Le comte, le juge, le banquier,

son grand fils à lunettes et à manteau à la Carbonaro, tous y sont
allés. Mon domestique s'est posté
toute la matinée devant sa porte, et
m'a tout appris. J'en nommerais une
foule, si ce détail ne m'accablait.

A. T'imagines-tu que mon sort
soit plus supportable? Pas un seul
de mes adorateurs ne s'est montré
chez moi. Le directeur même, lui qui
jadis était si prévenant à mon égard,
semble ne plus me connaître. Mais
le plus fâcheux, c'est que ce soir il
n'y aura personne à l'Opéra. A une
heure, le tiers des loges n'était pas

loué. Maudite Henriette ! tout court après elle.

C. Qu'y faire ? qui peut nous sau--
ver ? comment écraser notre en-
nemie ?

A. Écoute, il me vient une idée.
Souffrons qu'elle nous éclipse ici
pendant quelque temps, cela ne saurait durer ; mais, affaiblissons autant
que possible son triomphe au dehors. Des critiques pour elle.....

C. Et des poésies pour nous.

A. A merveille. J'userai de toute
mon influence. Parcourons la liste

de toutes nos connaissances. A qui nous adresserons-nous?

C. Moi, je connais le rédacteur; il faut qu'il me fasse un article contre Henriette. Il pourrait dire, par exemple, qu'il désirerait volontiers loüer quelque chose en elle, si son chant et son jeu ne l'eussent endormi.

A. Cela ne suffit pas. Il faut l'abattre avec une partition. Pour cela, je ne connais personne de plus capable que M. le compositeur. Le connais-tu?

C. Non ; quel est-il ?

A. Il publie une gazette , et composa l'année passée un opéra baroque et quelques fantaisies pour l'orchestre.

C. Je me le rappelle. Il marche toujours les pieds en dedans.

A. Précisément ; il porte une redingote couleur de café. Avec un compliment flatteur, il sera à notre service.

C. Cela ne suffit pas encore. Il nous faut quelques vers.

A. Eh bien, monsieur le poète...

C. Je ne le connais pas du tout.

A. Rappelle-toi bien. Un jeune homme épais, à moustaches.

C. Ne fait-il pas le philosophe, et ne hausse-t-il pas les épaules à tout propos?

A. Justement, c'est le même; voilà l'homme qu'il nous faut. Lui et M. le rédacteur sont amis intimes; ils pourraient faire imprimer, dans la gazette musicale, une série de critiques et de contre-parties dans lesquelles l'un donnerait, à la vérité, toujours raison à l'autre quant au fond, mais aurait de plus, le soin de citer chaque fois quelque chose de blâmable que l'autre aurait oublié de faire connaître au public.

C. A ravir. Une semblable querelle fera du scandale. Et si nous réussissons à ridiculiser Henriette et quelques-uns de nos infidèles adorateurs, notre cause est gagnée. Il n'y a rien que l'on écoute plus longtemps que la médisance.

A. Oui, c'est le véritable moyen; disposons un combat littéraire.

C. Bien mieux, ma chère, j'ai

une autre feuille à notre service : le
Courrier de l'enfer. Ce postillon-là
apportera de belles nouvelles à mademoiselle Henriette.

A. Chère amie, tu m'enchantes.
Oh ! elle apprendra à son tour ce
que c'est qu'un cœur déchiré........
Assurons-nous plusieurs écrivains de
poids, et préparons à l'arrogante
quelques aventures sérieuses.

C. Voyons. Un auteur solide ? j'en
connais un... si je lui promets de jouer
dans une de ses pièces, il fera tout
ce que je voudrai.

A. Eh bien ! qu'il fasse un article, pour démontrer la petitesse de ses talens.

C. Je suis sûre de mon sonnet.

A. L'improvisateur composera une satire.

C. Et l'historien fera la vie de ce nouveau phénix.

A. Il ne reste plus, je crois, de génie marquant dans notre ville que nous n'ayons mis à contribution ; les hommes de plume sont épuisés. Cherchons maintenant une bonne lame pour effaroucher tant soit peu

les adorateurs de cette divinité nouvelle. Mais hélas !, mon malheur se
dévoile aujourd'hui tout entier à
mes yeux. Peut-être n'ai-je pas une
épée à mes ordres. Il y a huit jours
j'aurais pu mettre en campagne une
armée.

C. Quoi ! ton plus tendre adorateur te serait-il aussi devenu infi-
dèle ; ce jeune homme au teint pâle,
dont l'œil éteint regardait constamment vers la fenêtre, serait-il aussi
disparu depuis que les charmes
d'Henriette ensorcèlent tout le
monde ?

A. Non, heureusement, il est encore fidèle ; j'allais presque l'oublier. Allons à la fenêtre. Le vois-tu là bas en redingote bleue? il est sur le point de revenir, il ne s'écarte jamais à plus de cinquante pas de la maison. Tiens, il se retourne, vois-tu comme il me regarde en cachette! C'est un ami dans l'infortune, il combattra pour nous.

C. Son teint blême enhardira nos ennemis.

A. Non certes. Ce soir, il se tiendra secrètement dans l'ombre projetée par le réverbère pour me voir descendre de voiture. Eh bien ! je lui adresserai un regard si amical, qu'une rougeur subité colorera son front. Quand je serai en haut, j'irai à la fenêtre avec la lumière, comme pour chercher quelque chose ; il pensera......... Oui, le cœur lui en battra de joie. Tu n'as pas besoin de m'apprendre quel moyen il faut employer pour métamorphoser ce jeune homme en un athlète plein de santé et de force ; dans trois jours, Mars lui-même reculera devant lui.

C. A merveille, vite à l'œuvre. Le rédacteur doit venir parler au directeur, je lui ferai en même temps une confidence.

A. Et moi, je veux adresser quelques sourires à mon pâle adorateur.

C. Adieu, chère amie, sois fidèle, discrète.

A. Jusqu'à la mort.

Elle s'assit à la fenêtré et lança à son cavalier un regard qui devait le fortifier pour les combats futurs.

———

# CHAPITRE IV.

---

# Henriette.

## CHAPITRE IV.

---

## Henriette.

Les sensations que notre cantatrice produisit dans la ville furent
de deux espèces : admiration et ja-

lousie. Son cœur pur et innocent
était contrarié de la rumeur dont
elle était l'objet. Elle comprit qu'il
y avait quelque chose de choquant,
de contraire à la dignité de son sexe
à se livrer ainsi à la discrétion du
public. Cependant les circonstances
et une certaine conviction qu'il n'en
pouvait pas être autrement, lui ai-
dèrent à vaincre ces sentimens pé-
nibles.

Son sort était moins digne d'envie
qu'il ne le paraissait en effet.

Les insipides journalistes, en par-
lant d'elle, se retranchaient rare-

ment dans la véritable question. Ils
s'occupaient toujours de choses ac-
cessoires et parláient souvent de sa
personne d'une manière inconve-
nante. Non-seulement ses cheveux,
ses yeux, ses traits, ses dents, ses
mains..... devenaient l'objet de l'é-
loge où de la critique; on alla plus
loin, on soumit sa beauté à des exa-
mens scientifiques, dont le but était
si marqué que la jeune fille était
obligée d'en rougir.

Les visites sans fin qu'elle recevait chaque jour, l'incommodaient
extrêmement. Tout son temps était

comme enlevé de force. Les jeunes
fats de ( la ville ) ne se croyaient
pas dans la nécessité de se faire annoncer chez une chanteuse à une
heure convenable. Ils venaient à
toute heure du jour indistinctement,
quand ils se sentaient disposés à dé-
biter quelques nullités. Un homme
peut se révolter contre l'offensante
effronterie de certaines gens; mais
une femme ne l'ose que lorsque son
devoir l'exige, lorsque l'on attaque
de trop près son honneur. Cependant les plus hardis même n'allaient
pas jusque là. Le pouvoir de l'inno-
cence est un frein pour l'audace de

la débauche. La société de ces messieurs était donc plus fatigante que
nuisible à l'aimable Henriette. Du
reste, elle les recevait tous avec
bonté, son cœur lui conseillait de
se montrer bienveillante envers tous
ceux qui ne s'étaient pas rendus
tout-à-fait indignes de son com-
merce.

Elle avait autrefois l'habitude de
consacrer le peu de temps que lui
laissait l'exercice de son art, à la
lecture d'un bon livre ou aux occu-
pations paisibles de son intérieur.
Hélas! cet heureux temps n'était

plus, les répétitions, les représentations, les invitations et les visites
ne lui laissaient que quelques heures
de la matinée qu'elle consacrait à
l'étude de ses rôles.

Elle espérait d'abord retirer quelque fruit de la diversité de ses rela-
tions, ou y prendre un ton et des
manières qui pussent lui être utiles
dans le cours de sa carrière théâ-
trale. Elle apprit bientôt combien
elle s'était trompée. La plupart né-
gligeaient l'artiste pour admirer la
jeune personne, brillante de tout l'é-
clat de la beauté. Ils s'escrimaient à

qui dirait les fadeurs les plus déplacées.

Les présens que ces visiteurs s'estimaient heureux de lui offrir, lui déplaisaient au plus haut degré. Ses regards perçans découvraient facilement les véritables motifs de cette apparente libéralité. Les uns donnaient pour recevoir davantage, et c'étaient les plus méprisables. Les autres faisaient des cadeaux par vanité, tant pour paraître riches et magnifiques, que pour dire : « Aujourd'hui j'ai donné à la petite chanteuse un bijou dont la belle enfant a été enchantée. Je ne puis me défaire de cette habitude. Avez-vous lu la Gazette ? » D'autres se croyaient obligés de payer en quelque sorte leur entrée chez elle. D'autres encore se faisaient un devoir d'être reconnaissans, parce qu'elle avait chanté dans une soirée par complaisance. Il ne s'en trouva pas un seul qui desirât son bien-être véritable. Le choix arbitraire des présens le démontrait d'une manière visible. Tous se bornaient à inonder sa toilette d'inutiles bagatelles qui, malheureusement, ont tellement la vogue aujourd'hui, que toute la sa-

gacité d'un homme de bon ton s'ap-
plique à découvrir quelque chose
de nouveau ou de déraisonnable en
ce genre.

# CHAPITRE V.

---

# La Lecture.

## CHAPITRE V.

———  ———

## La Lecture.

Nous avons déjà fait connaissance avec quelques-uns des adorateurs qui se rendaient journellement chez

notre belle cantatrice. Il en reste
cependant encore d'autres qu'il ne
faut pas oublier. Les conseillers, l'abbé, le lieutenant, le régisseur étaient
toujours exacts au rendez-vous;
rien là ne saurait surprendre. Mais
on s'étonnera peut-être que le jeune
étranger, que personne ne connaissait, y vînt aussi. Il parlait peu, ne
faisait jamais de présens et riait souvent d'une manière ironique. Henriette le recevait toujours avec bonté
au grand dépit de ces messieurs qui
l'eussent volontiers rudoyé si un
sentiment de crainte n'eût paralysé
leur courroux. On savait seulement

que c'était un jeune musicien, qu'il s'appelait Werner. Sa mise, quoique décente, n'annonçait pas un homme opulent.

Il y venait encore un autre jeune homme que nous ne saurions mieux désigner que par le nom de Polichinelle. Il ne savait qu'inventer pour faire rire et semblait avoir la prérogative de taquiner tout le monde sans qu'on lui en sût mauvais gré.

On s'entretenait des critiques de journaux. Les manœuvres des deux rivales avaient déjà porté fruit. On aperçut quelques moqueries. Chacun

avait apporté une feuille, la lecture
s'en faisait à haute voix et l'article
était approuvé ou sifflé. Quand vint
le tour d'un des conseillers, il tira
de sa poche une brochure et lut : O
belle Henriette! vous, doux rayon
qui avez éclairé l'obscurité de notre
art, combien mon cœur est ému de
ce que la voix publique s'accorde
avec la mienne!

— Ou réciproquement, dit le
polichinelle; votre voix est aussi
la voix publique. Je parie que vous
êtes le rédacteur de l'article. Avouez-
le, monsieur le conseiller. Oui,

vous l'êtes. Embrassez-moi. O quel homme précieux je tiens dans mes bras!

Le conseiller se débarrassa péniblement, et dit avec une espèce de hoquet, tant le polichinelle l'avait serré : Mon ami, prenez garde à ma cravate; vous me faites rougir; non, je n'en suis pas le rédacteur....

— Oh! ne le niez pas; chacun sait parfaitement que vous travaillez à l'*Aurore*, que les sonnets du *Crépuscule* sont de vous. Pourquoi dissimuler plus long-temps? Oui, mes

amis, je puis le certifier, M. le
conseiller est sûrement le rédacteur
de l'article. Il est aussi grand poète
qu'il est bon magistrat, et son enthousiasme ne cède en rien à ses
talens. Vive le digne écrivain !

Il est certain que le conseiller
n'était entré pour rien dans la ré-
daction de l'article; cependant, le
passage lui parut si bien écrit
et si flatteur pour Henriette, qu'il
regarda maintenant comme une
bonne ruse de guerre et comme un
moyen immanquable de pénétrer
plus facilement dans la forteresse

de ses bonnes grâces, de se prêter à la plaisanterie du polichinelle, et de se déclarer l'auteur du passage.

— Eh bien ! puisque monsieur a dévoilé mon incognito, dit-il en souriant, j'avouerai avec la candeur d'une jeune fille qui trahit le secret de son premier amour, que je n'ai pu m'empêcher, dans le trouble de mon cœur oppressé, de faire connaître publiquement mes sentimens.

— Lisez, lisez, lui cria la société.

Il arrange son jabot, se mouche, place ses lunettes droites sur

le nez et continue d'une voix sou-
pirante : Nous avons conquis le palladium ; ce précieux joyau orne la
couronne de l'art dans notre ville.
Ce bijou, la victoire nous l'assure,
il nous appartient.

— Cessez, M. le conseiller; je
fais grand cas de votre délire poé-
tique ; mais je désirerais qu'il choi-
sît un autre sujet.

— Comment, vous voulez nous
priver du plaisir de vous entendre
célébrer dans un dithyrambe, dans
un hymne, par M. le conseiller? Je
jure ici à vos pieds, qu'aucun ali-

ment n'approchera de mes lèvres
avant que je n'aie entendu en votre
présence la fin de cette ode divine.
Voulez-vous me laisser mourir de
faim? Rien ne saurait ébranler la
constance de mon opiniâtre résolu-
tion.

Il fallut céder, et le conseiller
poursuivit : Le plus profond secret
de l'art est maintenant découvert ;
l'âge d'or, cet âge si long-temps at-
tendu, brille à nos yeux. Nous na-
geons tous dans les plaisirs ineffables
d'un bonheur sans pareil. Quelle
heureuse révolution arrivée depuis

quelques jours sur notre scène, à
notre opéra? O! malheureux! sa-
vions-nous seulement ce que c'é-
taient que chant, jeu, grâce, ame..?

—Monsieur le conseiller, je vous
en conjure, finissez. Vous vous mo-
quez.

—O divinité, c'est la voix de mon
cœur, la vérité la plus exacte.

— Oui , vérité, vérité, s'écria
l'assemblée; bravo ! monsieur le
conseiller !

—O suicide épouvantable de vos
talens, ajouta le polichinelle, vous

prenez cela pour de la moquerie, mademoiselle. Non, non, monsieur le conseiller est l'organe du monde.

—Continuez, monsieur l'organe, dit le jeune étranger avec ironie.

— Quoi! vous aussi, monsieur, vous vous liguez contre moi avec ces méchans. Je ne l'aurais jamais cru.

—Pardonnez-moi, chaque mot d'un tel juge est important. Il instruit, et je supplie qu'on continue la lecture.

Le conseiller ne pouvait se contenir de joie et reprit la feuille : Ce sera l'écho de toute la population, depuis le premier jusqu'au dernier, depuis le ministre jusqu'à la femme de chambre, si l'envie ne verse dans son jugement une goutte amère de son venin empoisonné. On concevra sans peine que je ne me suis pas laissé entraîner par la folle multitude...

— Folle multitude ! dit l'étranger. Conseiller, quel prestige?... Folle multitude ! impossible...

— En effet c'est une faute d'im-

pression très-désagréable. Mon ma-
nuscrit était si mal écrit.

—Mais enfin, que doit-il y avoir,
demanda l'abbé.

—Permettez... je crois... précisément, grande multitude. .

—Ah! ah! c'est autre chose;
continuez, je vous prie.

—On concevra sans peine que je
ne me suis pas laissé entraîner par
la folle, par la grande multitude
mais qu'un jugement mûri a seul
pu. . l'article est un peu long. Je

crains, messieurs... l'essentiel est dit.

—Non, monsieur, il faut continuer, ou nous partons tous.

—Oui, je vous en prie, dit Henriette, la suite m'intéresse beaucoup. Le commencement n'est qu'un persiflage, mais voici la vérité.

Le conseiller tremblait comme une feuille et reprit: Mais qu'un jugement mûri a seul pu me guider. On agirait très-sottement, si... Oh pardon, je me suis trompé... On agirait très-sagement, si l'on voulait adopter sans examen les arrêts d'un public ignorant... Je n'en puis plus, le sang me monte à la tête.

Il se cache la figure et s'élance vers la porte.

—Le Journal, s'il vous plaît!

Il n'était plus temps, le conseiller était disparu. Tout le monde semblait consterné.

—Dans quelle feuille se trouve cet article? demanda l'étranger.

— Dans le *Misanthrope*, répondit

I.                        8

le polichinelle. Il paraît que monsieur le conseiller veut se conformer au titre du Journal.

— Oh! quel hasard, dit le jeune homme, je l'ai sur moi. Si vous permettez ; je terminerai.

— Avec grand plaisir.

— On agirait très-sottement si l'on voulait adopter sans examen les arrêts d'un public ignorant. Si le proverbe dit : *vox populi, vox Dei,* il ne dit pas *vox plebis, vox Dei.* Je me permettrai donc de conser-

ver ma raison, malgré l'ivresse générale. Le succès inouï de mademoiselle Henriette est mérité en très-
grande partie, mais elle ne peut encore aspirer au rang qu'un tel succès
semblait lui promettre. Son chant
a plusieurs défauts. Trop de passa-
ges sont dits à voix basse ; c'est faire
descendre la voix de l'homme au
niveau d'un instrument qui ne peut
chercher ses effets que dans le piano et le forté. Pourquoi ne met-
elle pas à contribution tous ses
moyens? elle pourrait, puisqu'elle
possède une âme aimante, chanter
avec une expression plus sentie, et

nous procurer de si douces émotions !

— Je ne conçois pas, dit Henriette, pourquoi monsieur le conseiller a craint si fort de dire son opinion. Je la partage entièrement, il a tout-à-fait raison.

— Ah! vous êtes un ange de bonté. Ame noble, si mon ami avait pu pressentir cela.

— Non, s'écria le polichinelle, le rédacteur est un barbare, un scythe, un cannibale.... monsieur le conseiller n'est pas capable....... qui sait... Ah! messieurs, mesdames, voici milord.

————

# CHAPITRE VI.

---

## Les Visites.

## CHAPITRE VI,

## Les Visites.

Milord monte pesamment les es-
caliers. Les goddem se succèdent
sans qu'on en devine la raison. Il

I.                                    9

entre sans se faire annoncer, un manteau poudreux sur les épaules.

— Bonjour, adorable! comment
avez-vous dormi?

— Très-bien, milord, je vous
remercie, répondit Henriette décon-
certée. Une chaise, Louise!

La femme de chambre s'empresse
de....

— C'est bon, mon enfant, j'ai
changé d'idée, je m'asseoirai sur le
canapé; et il s'étendit enveloppé
dans son manteau.

— Le manteau gênera sa seigneu-
rie, dit Werner.

— Goddem, c'est vrai! et il le
lança sans précaution dans un coin de
la chambre où était posée une table
garnie d'un service complet, dont
les tasses tombèrent à terre en se
brisant avec le plus grand fracas.

—Maudit manteau!

Chacun se hâta de rassembler
les débris. Milord jurait comme un
diable.

—O malheur! dit Henriette, les

larmes aux yeux; la tasse avec le portrait de ma plus jeune sœur que je viens de perdre est aussi cassée.

—Consolez-vous, belle Henriette, j'en paierai trois fois la valeur, je vous en donnerai une douzaine beaucoup plus belle.

Werner était furieux.

—De grâce, veuillez vous apaiser, monsieur Werner, ne dites rien à milord. Il pourrait vous arriver quelque chose de fâcheux. Ce qui est fait est fait.

—Je vous obéis, mais soyez per-

suadée que c'est pour vous et non
pour moi. Croit-il que son rang lui
donne des droits...

— L'arche, l'arche! s'écria le polichinelle.

— Qu'y a-t-il donc?

— Venez ici pour entendre la réponse.

Tout le monde courut à la croisée. Milord lui-même, qui restait
couché sur le sopha en chantant:
*God save the king* , se décida à faire
comme les autres.

— Voyez toutes ces voitures.

Voyez M. le *Loup*, M. le *Cerf*, M. l'*Ours*, M. l'*Oie*, M. le *Sanglier*... avec leurs chères moitiés, madame la *Louve*... Voyez le couple de chaque espèce, l'homme et la femme.

— Il ne manque que le *Pigeon*.

— Point du tout, il y est aussi. La fille de madame l'*Oie* se nomme la *Tourterelle*. Voyez comme elle saute hors du bâtiment. Pouc, pouc, pouc, viens mon petit pigeon, viens. Ah la plaisante chose! Voyez tout là-bas, monsieur le comte de l'Arc-en-ciel.

Henriette reçut tout le monde

avec beaucoup d'affabilité. A peine était-on entré, qu'il s'éleva tout-à-coup un tintamarre à se trouver mal. Le Gemitello masculin de Jérusalem épuisa un dictionnaire complet d'adjectifs louangeurs, qui étaient repétés aussitôt par le chœur féminin, jusqu'à ce que l'écho... le comte de l'Arc-en-ciel.....

Il passait à la cour pour un parfait cavalier. Personne dans la ville n'avait des cheveux mieux frisés. Ses habits venaient de Londres, ses souliers de Vienne, ses parfums de Paris. Il s'habillait avec la dernière élé-

gance de fort bonne heure, c'est-à-
dire à midi, au sortir du lit. Il dor-
mait constamment, disait-on, avec
deux gilets et la plus fine cravatte à
la *fashionnable*; un masque, formé
de pâte d'amande, conservait la
blancheur de ses traits. Quand un
sommeil agité avait dérangé sa coif-
fure, il la remettait en ordre en se
mirant dans la glace qu'il avait fait
fixer au plafond de son alcove. On
savait qu'il avait consigné dans son
testament qu'il désirait être enterré
en habit habillé, parce qu'il regardait
comme inconvenant de paraître en
négligé au jugement dernier.

Cet homme spirituel était entré.
Par une inclinaison semi - circulaire
qui, semblable à la marche du soleil,
commençait à l'Orient, puis se diri-
geait lentement vers l'Occident ,
passant par le méridien de la belle
Henriette, et se couchant près de
Milord, il salua toute l'assemblée
avec un art admirable; il eut en
outre la délicatesse de traiter chacun suivant son rang. Quand il fut
devant Werner, musicien insigni-
fiant, il imprima à sa tête un mou-
vement qui la fit descendre d'un
pouce et demi calculé sur un pied
de roi, et il se réglait toujours d'a-

près la mesure française qui devait être nécessairement plus élégante que la mesure allemande, puisque celle-là était étrangère ; inclinant ensuite successivement la moitié de sa personne devant quatre signes du Zodiaque, l'abbé, le conseiller le lieutenant et le polichinelle, il se trouva, quand il fut devant Milord, qu'il considérait comme la personne la plus considérable, suivant les préceptes des premiers maîtres de cérémonie, dans cette position respectueuse où la tête et une autre partie du corps se trouvent de niveau ; ou bien encore il figurait les

deux plateaux d'une balance, atta-
chés aux deux extrémités du dos :
M. le chambellan formait la languette.

Il resta, malheureusement pour
lui, une minute de trop dans cette
étonnante posture ; car tout-à-coup
la porte s'ouvrit, le directeur entra,
et le plateau opposé à la tête fut
poussé avec violence. Certes, un
mécanicien adroit calculerait sans
peine les suites de cette secousse ;
mais une telle science ne pouvant
être exigée de tout le monde . je
me crois obligé de les indiquer.

M. le comte fut considérablement dérangé dans son équilibre. Le plateau supérieur baissa, le correspondant s'éleva, la languette balança, et le toupet, cette huitième merveille de l'architecture capillaire, fut épouvantablement foulé aux pieds.

— Goddem ! s'écria milord.

— O malheur ! dit Henriette.

— O douleur ! répéta le chœur à dix voix, se servant toutefois d'un autre dialecte à l'exemple des anciens : ah ! mon Dieu ! A tous les diables !

Le conseiller et Werner s'élancè-

rent au secours du malheureux. Le
directeur était frappé de stupeur;
il resta sur le seuil de la porte, la
bouche béante, ne sachant s'il devait s'avancer pour s'excuser ou s'il
devait s'enfuir. Henriette lui conseilla de choisir le premier moyen.
A son entrée, il s'éleva un cri épouvantable, et M. le comte, qui se re-
trouvait debout, recula d'épouvante.

— Misérable assassin! dérobe-toi
à mes regards.

Le directeur était pâle comme la
mort et ses habits présentaient des
taches de sang.

— Pour l'amour de Dieu ! qu'a-vez-vous ? M. le directeur, demanda Henriette.

— Laissez-moi respirer, ma chère amie ; tout-à-l'heure je vous dirai de quelle scène épouvantable j'ai été témoin.

Pendant ce temps, le comte était allé se regarder dans la glace, et vit la destruction complète de son toupet. Il recula pâle comme un fantôme, et tomba dans les bras du polichinelle.

—Vous changez de couleur, M. le comte ; voulez-vous un verre d'eau ?

— Non, je suis bien..... Continuez, M. le directeur, je serais
charmé de vous entendre; j'ai pour
habitude de dire toujours quelque
chose de nouveau à la table de son
Excellence chez laquelle je me rends
à l'instant.

— Jamais, à coup sûr, directeur
ne fut plus effrayé, ni plus joyeux
en même temps que moi; jugez-
en. Je me rends chez le caissier, et
lui demande comment va la vente
des billets pour la représentation
de demain, dans laquelle, chère
Henriette, vous devez jouer pour

la première fois le rôle d'*Amanda*,
et je reçois l'excellente réponse
qu'il n'en possède plus qu'un seul.
Tout-à-coup, arrivent deux officiers.

— Reste-t-il des billets pour
*Amanda ?*

— Voici le dernier.....

Et les deux militaires de le saisir.
Une dispute s'élève, nous voulons
intervenir; mais en vain. Les épées
brillent dans leurs mains. Les coups
se succèdent avec la rapidité de l'é-
clair, et en moins d'une minute, je
crois, l'un des deux tombe baigné

dans son sang. L'autre pique son billet sur la pointe de son épée, et s'éloigne en triomphe.

— Goddem, cette scène est digne de Londres.

— Non, de Bedlam, ajouta Werner.

— Quelle délicieuse nouvelle ! dit le comte, remis de la perte de son toupet.

— Et le blessé? demanda Henriette tremblante.

— On le transporte à la caserne.

Elle pâlit et tomba évanouie. Chacun s'empressa autour d'elle.

—Ouvrez son corset, dit milord, qui voulait se montrer obligeant.

Werner le poussa rudement de côté, et transporta Henriette, avec le secours de Louise, dans une chambre voisine. Werner en sortit aussitôt et dit : Messieurs, Mademoiselle Henriette vous remercie des soins que vous lui avez donnés. Elle est hors de danger, mais elle a besoin de repos, et vous prie de suivre mon exemple.

A ces mots il prit son chapeau et s'en alla.

— Quel est donc cet audacieux jeune homme qui agit en maître de la maison? demanda milord.

— Est-il possible de connaître tous les mauvais sujets? répondit le comte.

Tout le monde descendit. On vit passer le corps de l'officier blessé, Werner suivit le convoi.

# CHAPITRE VII.

---

# Le Rendez-vous.

## CHAPITRE VII.

———

# Le Rendez-vous.

La société se dirigea de différens côtés. Le conseiller et le polichinelle allèrent dîner chez le restaurateur de la cour. Ils virent en entrant, assis dans un coin, un homme soucieux qui paraissait ne pas voir le beef-teck qu'il avait devant lui.

— Quoi, c'est vous, monsieur le conseiller, comment vous va? Songez-vous à un nouvel article?

— Malheureux, vous êtes la cause de mon infortune. C'est vous qui avez dit le premier que j'avais rédigé le pamphlet.

—Quoi, ne l'avez-vous pas fait?

— Nullement. Ce matin je reçois le journal et je lis le maudit article

dont le commencement est si flat -
teur et si spirituel. Je crus qu'il
en était de même de la fin. Qui
se fût douté d'un vent contraire !
Content de la trouvaille, je mis la
feuille dans ma poche et me faisais
un plaisir de la lire à Henriette. Quel
diable vous conseilla de me forcer
à m'en déclarer l'auteur ? J'ai cédé
pour éviter les querelles, et voilà la
charrue embourbée.

— Ah, ah, ah, c'est divin, c'est
délicieux, c'est impayable. Vous êtes
tombé, comme dit le proverbe, dans
la cuisine du diable. L'histoire vaut
de l'or.

— Vous riez?

— J'étouffe.

— Oh! c'en est trop; si je n'appartenais pas à la justice, je vous assignerais devant les tribunaux : mais les lois me le défendent.

— Tranquillise-toi, mon ami, ton beefteck se refroidit, et ta colère te gâte l'appétit.

— Que veux-tu, on m'a ridiculisé à la face de toute la ville et c'est lui qui en est cause.

— Que l'on me pende, si je suis

coupable ; j'étais persuadé que vous aviez rédigé l'article : du moins vous ne pouvez nier que vous ne soyez auteur. Vous prenez la chose du mauvais côté. Rien n'est plus aisé que d'y porter remède. Écrivez à la belle Henriette un tendre billet, dans lequel vous direz qu'un ami malicieux a ajouté une seconde moitié à votre article. Nous publierons le fait, et dans trois jours l'on vous tiendra même pour martyr. Ainsi vous y gagnerez encore.

— C'est vrai, votre conseil est

bon. Acceptez en retour une cen-
taine d'huîtres.

Chacun se réjouit de la compen-
sation.

Voyons, pendant leur repas, ce
que fait Henriette.

La première question qu'elle fit
à Louise quand elle eut repris ses
sens, avait pour objet le jeune offi_
cier blessé. On lui dit que Werner
avait pris soin de le faire transporter
avec précaution au quartier. Elle
attendait donc son retour avec impa-
tience. Cet événement l'avait vive-

ment émue. Elle se représentait
l'infortuné dans les plus grandes
souffrances.

Le jeune officier s'annonçait comme un de ses plus grands adorateurs,
et s'était fait un pilier de théâtre. Il
ne manquait jamais une seule de ses
représentations et criait sans cesse
brava, bravissimo. Il était connu de
toute la ville et chacun savait qu'on
pouvait le rencontrer dans les loges
du côté gauche.

Werner revint au bout d'une
heure. Il dit à Louise que la blessure

du jeune militaire n'était pas dangereuse , puis s'informa de la santé
d'Henriette. Quand il apprit qu'elle
était assez bien, quoique très affaiblie,
il fit demander s'il ne pourrait pas
revenir le soir, ajoutant qu'il avait
quelque chose d'important à lui
communiquer. Sa demande lui fut
accordée.

Déjà, avant la nuit tombante, il
était au rendez-vous. Il sonna très
doucement.

—Est-ce vous, monsieur Werner ?

—Oui, Louisé, c'est moi.

—Ah! mon cher monsieur, ma maîtresse n'est pas seule. Milord est ici et ne veut pas bouger. Elle lui a donné à entendre au moins dix fois qu'elle désirait demeurer seule, mais en vain ; vous le connaissez, il n'entend pas ce qu'il ne veut pas comprendre.

—L'impudent, il partira, fût-il cloué à sa place !

—Pour l'amour de Dieu, ne commettez pas d'imprudence, ma maîtresse en mourrait de crainte.

—Sois tranquille, Louise, je le congédierai par ruse. Je reviendrai dans une demi-heure, je sonnerai deux fois très-fort, et je t'assure qu'il partira.

Il revint à l'heure convenue et exécuta ce qu'il avait annoncé. Louise lui ouvrit, la joie sur la figure, et lui raconta qu'un domestique en livrée était venu, deux minutes auparavant, demander Milord pour lui remettre un billet, et que Milord après l'avoir lu était parti aussitôt.

— Tant mieux, mes mesures de-

viennent dès lors inutiles... et il mit
dans sa poche quelque chose que
Louise ne put voir.

# CHAPITRE VIII.

---

# Les Confessions.

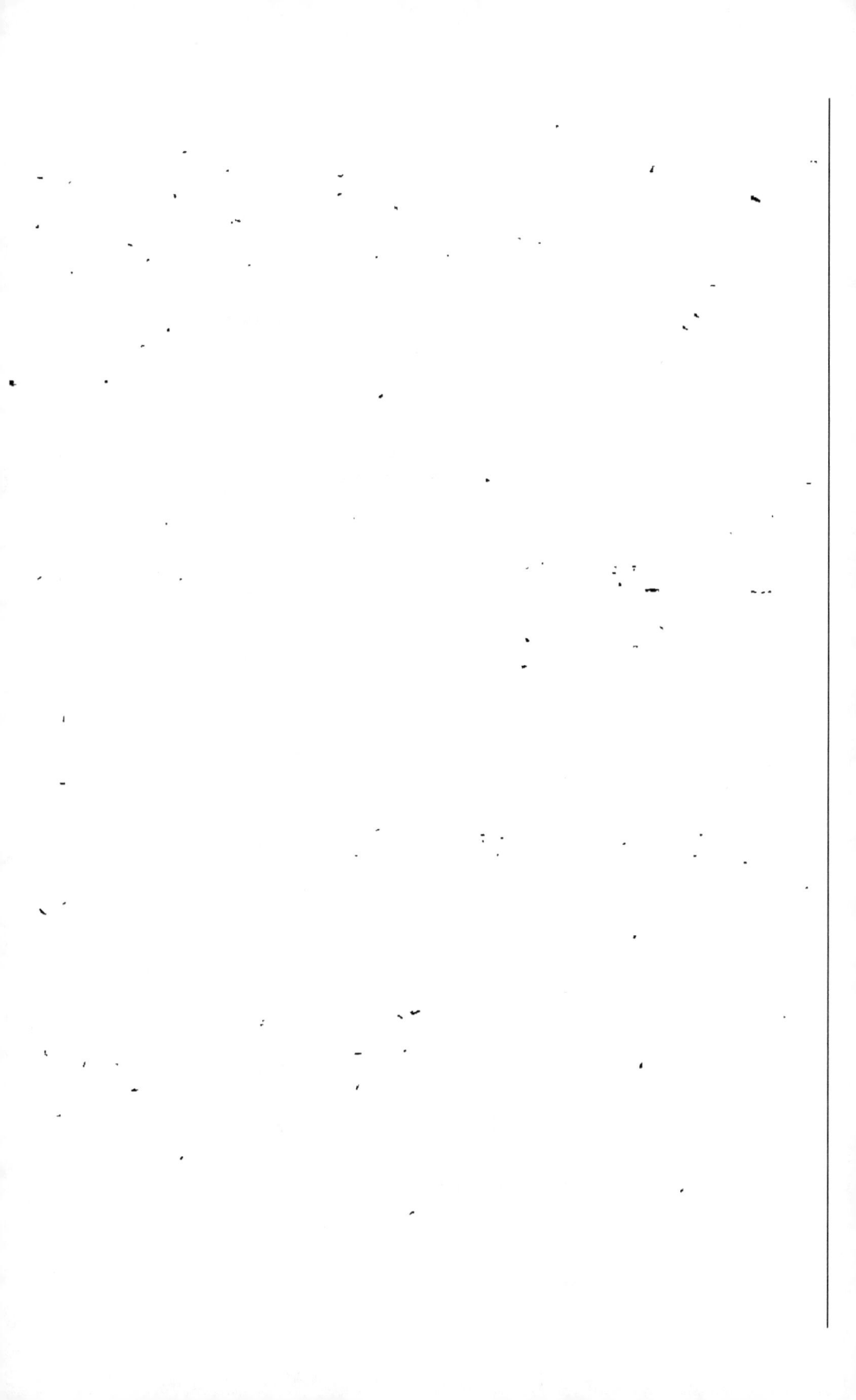

## CHAPITRE VIII.

---

## Les Confessions.

Il trouva Henriette assise sur son sopha, un livre à la main. Une lampe, aux rayons faibles et douteux, éclairait son boudoir; les rideaux verts de la fenêtre se trouvaient fermés. La chambre était si mystérieuse, sa jeune habitante si aimable, que tout contribua à produire sur Werner la plus vive impression.

— Ne m'en voulez pas, mademoiselle, si je viens troubler votre heureuse tranquillité.

— Je me réjouis au contraire de la partager avec vous. Vous resterez ici, j'espère, ce soir. C'est le premier, depuis mon arrivée dans cette ville, que je puisse appeler à moi.

— Je devrais donc me reprocher de vous en priver. La solitude est un si grand bien !

— Vous avez raison, mais non pour les malheureux.

— Malheureuse ! parlez-vous sérieusement, Henriette ?

— Certainement ; vous n'en douterez pas si vous voulez vous rappeler ce qui s'est passé cet après dîner. Ma vie n'est composée que d'une suite de semblables journées. On me rassasie de mensonges ; mais laissons cela. Vous parliez de la solitude, je pense qu'elle n'est qu'un bonheur conditionnel. Elle ne devient réellement notre amie que lorsque nous manquons d'amis, ou lorsque nous avons été tellement blessés par les hommes, que nous les exilons tous loin de nous.

—Comment se fait-il donc que l'homme heureux aime aussi la solitude ?

—Un cœur trop heureux se fatigue facilement des plaisirs de ce monde. Il éprouve le besoin de s'isoler. L'homme auquel sourit la fortune, de même que le malheu-

reux qu'elle accable, cherche quel-
quefois à s'entretenir avec l'auteur
de toutes choses?

— Est-ce votre lecture qui vous
a suggéré ces idées sérieuses ?

—Avez - vous oublié ce livre?
C'est lui qui nous fit connaître l'un
à l'autre.

—Quoi, le Titan de Jean Paul!

—Précisément, je le lisais avec
beaucoup d'émotion.

—Lui aussi, cet immortel auteur
n'est plus ! et une larme couvrit ses
yeux.

I.                          12

—Le thé, Louise !... Je veux vous servir aujourd'hui, pour vous prouver combien je désirerais vous rendre service à mon tour.

— Bagatelle, vous y pensez toujours ?

— Je ne l'oublierai jamais. Il me semble encore descendre la montagne escarpée, suivant ma voiture à pied. Oui, je me figure cette contrée charmante. La vallée à mes pieds, le riant village plus loin, les rochers à gauche, le fleuve impétueux à droite. Je pourrais peindre la pierre où était votre livre. J'entends d'ici le

cocher me dire : Mademoiselle, il
y a là bas quelque chose qui vous
semble destiné, me montrant ce
volume avec son fouet. Il était ouvert.
Curieuse je m'approche, je pensais
qu'un voyageur l'avait oublié. La mort
de Liane fut la première perle que je
découvris dans ce riche trésor. Je
m'oubliai, je perdis ma voiture de
vue, je levai les yeux et je vous vis.
Que deviez-vous penser de moi?

— J'étais transporté de joie en
voyant mon auteur favori vous de-
venir si cher dès le premier jour. Jamais je ne fus si heureux.

— Nous fîmes route ensemble. Cette rencontre imprévue devint la source d'une liaison intime. Je connus, avant d'atteindre le village, votre rang dans le monde et le secret de votre cœur, et vous-même vous vous montrâtes obligeant à mon égard avant de me connaître. Non, ce n'était pas un sacrifice ordinaire que de me céder votre gîte, mouillé et fatigué comme vous étiez. Aussi serez-vous toujours bien reçu chez moi, tant qu'il vous plaira d'y venir... et elle lui présenta innocemment la main; que Werner saisit et baisa plus fort que l'étiquette ne l'exigeait.

— Voici Louise qui nous apporte le thé.

Henriette savait mettre de la grace jusque dans les moindres choses. L'art avec lequel elle remplissait une tasse , épiant à l'œil de son hôte l'instant de s'arrêter , l'affabilité qu'elle mettait à présenter le sucre et le biscuit, ses instances, sa figure qui exprimait si agréablement combien elle désirait que son hôte se trouvât bien , tout contribuait à ravir les yeux et le cœur de Werner.

—Je suis honteux de tant de bonté et de l'avoir. si peu méritée. Si vous saviez quelle trahison j'ai commise aujourd'hui envers vous.

— Comment cela?

— Ecoutez, je suis venu exprès pour vous l'apprendre. Le jugement sévère que le malheureux conseiller lut ce matin comme son propre ouvrage...

— Eh bien?

— Il est de moi.

— Et vous appelez cela une trahison? Je vous assure que je suis tout-à-fait de votre avis. Cependant vous ne me rendiez pas justice en attribuant à mes penchans et à mon choix, ce qui est simplement la faute

des circonstances. Je n'ai nullement
choisi cette fatale carrière. Du reste,
vous avez parfaitement raison et il
ne faut pas déshonorer l'amour de la
vérité par un mensonge méprisable.

—Je ne le ferai pas non plus.
Mais j'ai encore un autre tort beaucoup plus grave à me reprocher. Je
veux vous l'avouer, quoi qu'il m'en
coûte. Je craignais que les louanges
et les hommages qui vous sont dus
à si juste titre ne vous éblouissent
au point que le rédacteur d'un article tel que le mien vous parût
votre mortel ennemi. Je ne pouvais

sans gémir prévoir les suites d'un
tel égarement, et je résolus de vous
mettre à l'épreuve. J'aurais lu l'article moi-même, sans la présomption
de monsieur le conseiller. Quelle
honte fut la mienne, lorsque vous
sortîtes pure du nuage de mes soup-
çons! Combien j'étais humilié d'a-
voir si mal pensé de vous! Pourrez-
vous pardonner cette conduite à
votre ami?

— Je veux faire plus. Cherchez
à me connaître mieux encore. Ayez
toujours un œil scrutateur sur mes
actions, et prenez soin de m'avertir

si je m'engage dans une fausse route. Me le promettez-vous?

— Oui, j'accepte cet honneur. Soyez persuadée que je saurai me rendre digne de votre confiance aussi long-temps que je vivrai, et dès à présent je veux faire usage de mes prérogatives. Dites-moi, Henriette, quelle raison vous force à rester plus long-temps dans le pénible esclavage du théâtre, qui impose des sacrifices douloureux à votre sexe. Un sort paisible, mais borné, ne saurait-il vous suffire, et désespérez-vous de le rencontrer?

— Mon jeune ami, considérez ma vie dès ma jeunesse. Élevée au théâtre, je m'accoutumai , malgré l'éclat qui nous environne , à souffrir maintes humiliations auxquelles expose l'état que le sort m'a donné. Je sais bien qu'on hésite à nous admettre dans les familles, même les plus pauvres, et que notre union avec le plus misérable fat, serait regardée comme une mésalliance. Aucun autre artiste n'est exposé à cet affront. Les raisons m'en sont connues, et je ne puis les rejeter. Et cependant que me reste-t-il à faire? me soumettre aux caprices d'une maî-

tresse de pension et de ses élèves?
me faire sa dame de compagnie?
non, une telle place me serait trop
pénible et mon art en souffrirait.
Quelle autre ressource ai-je donc?
le travail de mes mains? elles ne
sauraient nourrir mes jeunes sœurs
pour lesquelles je me sacrifie afin de
leur assurer une existence plus honorable, et ma conscience est satis-
faite. Oui, je suis meilleure que mon
état, quand même on en devrait
douter.

A ces mots, des sanglots l'inter-
rompirent. Elle appuya sa tête sur
les coussins du sopha, et un pro-

fond silence régna pendant quelques instans.

— Maintenant vous savez tout, mais quittons ce sujet. N'est-il pas maladroit de ma part d'attrister par des considérations lugubres, une soirée si rare, si précieuse. Vous auriez dû, vous, me lire quelque chose ou faire de la musique avec moi. J'ai sur mon piano tant de morceaux que je n'ai pas chantés depuis nombre d'années. Qu'avez-vous à votre tour? quel air sérieux?

— Je pensais aux moyens qui... bref, je connais quelqu'un qui pourrait prendre soin de vos sœurs, qui serait heureux de vous offrir une condition médiocre, mais sûre et convenable à votre sexe, un jeune artiste... Chère Henriette, devinez-moi, devenez ma femme... et il la serra contre son cœur.

———

# CHAPITRE IX.

---

## La Lettre.

## CHAPITRE IX.

---

## La Lettre.

Ils restèrent long-temps muets dans les bras l'un de l'autre. Est-il vrai, dit enfin Werner, est-il possible que je sois un jour réellement heureux. Mais, chère amie, quel sera notre avenir? comment pourrons-nous passer notre vie d'une manière honorable et avec aisance? Tu le sais, chère Henriette, je ne puis te laisser au théâtre.

— Oui, fuyons loin du fracas du monde, dans une solitude où je n'appartienne qu'à toi.

— Ce projet est difficile, que dis-je, impossible à remplir. Ce n'est que dans une grande ville que je puis faire valoir mes talens, qui doivent conserver à toi et aux tiens

une indépendance sans inquiétude.
Je possède, il est vrai, quelque fortune, elle suffira à nos premières
années, mais...

— Et crois-tu que je sois tout à
fait sans ressources? moi aussi, j'ai
su épargner quelqu'argent; j'ai toujours craint les revers de fortune.
N'est-ce pas, mes petites sœurs seront
avec nous? quelle heureuse famille
nous formerons, avec quel plaisir
nous travaillerons ensemble, puisque le moindre gain sera pour ceux
que nous chérissons le plus.

—Oui, celui qui jouit sans peine,

ne jouit qu'à moitié. Combien je me sens fort, j'entreprendrai tout pour te rendre heureuse.

Plusieurs projets furent proposés et rejetés. Enfin il fut convenu qu'Henriette quitterait le théâtre aussitôt ses engagemens expirés, et qu'on donnerait un concert, tant pour faire ses adieux au public, que pour couvrir les frais de leur établissement. Werner devait écrire à son père pour obtenir son consentement, et pour solliciter par son entremise la place de professeur de musique à l'université, présente-

ment vacante. Il était sur le point
de sortir, lorsqu'on entendit sonner.
Louise apporta une lettre de la part
du conseiller.

— Ne l'ouvre pas, dit Henriette,
elle pourrait contenir quelque chose
de désagréable.

— N'importe, qui sait...

—. Voyons.

« Adorable Henriette !

« Le sort cruel , favorisant de
noirs complots , avait juré ma perte
ce matin. Je suis, je l'avoue mal-

gré moi, l'auteur de l'article, mais seulement de la première moitié. Un ennemi épouvantable a supprimé la fin pour y substituer son pamphlet. On voulut faire penser que j'étais un homme envieux de votre art enchanteur. La complaisance que je mis à lire l'article, et l'effroi qui me saisit quand je le vis ainsi mutilé, sont ma première justification ; la deuxième est la feuille manuscrite ci-jointe qui vous apprendra ce que je sais penser de vous. Dans l'espérance que vous n'aurez pas la cruauté de me condamner et que vous me jugerez de nouveau digne de votre amitié, je suis etc. »

La fin de l'article était en termes exagérés au plus haut degré. Dans un autre temps cette missive eût paru comique, maintenant elle fut à peine considérée. Henriette jeta la feuille de côté; et l'écrit comme l'écrivain furent oubliés.

Werner arrêta avec son amie que leurs projets resteraient encore secrets pendant quelque temps, et qu'on les confierait seulement à la discrétion de Louise.

FIN DU TOME PREMIER.

# TABLE

DU PREMIER VOLUME.

———

**OUVRAGES NOUVEAUX**

*Publiés chez le même Éditeur.*

———

# ÉTRENNES NOUVELLES
# AUX JÉSUITES,

POUR L'AN DE GRACE 1828,

RENOUVELÉES DE L'AN DE GRACE 1737,

OU

# CHANSON D'UN INCONNU,

NOUVELLEMENT DÉCOUVERTE ET MISE AU JOUR, AVEC DES REMARQUES CRITIQUES, HISTORIQUES, PHILOSOPHIQUES, THÉOLOGIQUES, INSTRUCTIVES ET AMUSANTES, PAR M. LE DOCTEUR CHRYSOSTOME MATHANASIUS; OU HISTOIRE VÉRITABLE ET REMARQUABLE ARRIVÉE A L'ENDROIT D'UN R. P. DE LA C<sup>IE</sup> DE JÉSUS.

*Nouvelle Édition,*

Imprimée sur la première de 1737, avec approbation des docteurs de l'ancienne Sorbonne, et privilége de CHARLES-EMMANUEL-VICTOR III, duc de Savoie, roi de Sardaigne, aïeul de S. M. Charles X, roi de France.

Un vol. in-18. — Prix, broché 1 fr. 80 c. et 2 fr. franc de port.

———

## MÉMOIRE D'HENRIETTE WILSON

CONCERNANT PLUSIEURS GRANDS PERSONNAGES D'ANGLETERRE, ET PUBLIÉS PAR ELLE-MÊME; TRADUCTION DE L'ANGLAIS, REVUE ET CORRIGÉE PAR L'AUTEUR. DEUXIÈME ÉDITION. — Six vol. in-12 avec portrait. Prix, broché, 18 fr., et 21 fr. franc de port.

www.ingramcontent.com/pod-product-compliance
Lightning Source LLC
Chambersburg PA
CBHW052345090426
42739CB00011B/2328